Fabian Pitzer

Südostasien – Der Weltreise dritter Teil

Bibliografische Information der Deutschen Nationalbibliothek:

Die Deutsche Nationalbibliothek verzeichnet diese Publikation in der Deutschen Nationalbibliografie; detaillierte bibliografische Daten sind im Internet über http://dnb.d-nb.de abrufbar.

Impressum:

Lektorat: Veronica Maier, Peter Schmid-Meil

Copyright © 2012 GRIN & Travel

Ein Imprint der GRIN Verlag GmbH

Geträumt, geplant, gemacht – Meine Weltreise

Lange habe ich geträumt, lange musste ich warten, endlich war es soweit, meine Reise ging los, und zwar einmal um die Welt über Arabien nach Indien, weiter nach Ostasien und Mexiko und zurück – hier berichte ich von meinen Erlebnissen aus Südostasien. Mit dabei war selbstverständlich mein Fotoapparat, die Bilder in diesem Buch zeugen davon.

Dieses Buch entstand aus Teilen des Blogs www.addicted2photos.com, auf dem ich live von meiner Weltreise berichtet habe. Also wundern Sie sich bitte nicht über so manche Schreibweise oder so manchen Wechsel der Erzählzeit. Meine mit voller Vorfreude geplante Reiseroute wurde einige Male von der Realität des Reisens eingeholt und geändert. Aber das werden Sie ja gleich erleben.

Wie kam ich dazu, eine Weltreise zu machen?

Die Idee entstand ursprünglich aus dem Gedanken, nach Vietnam zu reisen. Ich wollte schon immer mal nach Vietnam und zwar in den Semesterferien. Da man, als damals noch Pharmaziestudierender, faktisch nie Semesterferien hatte, habe ich diese Reise immer weiter vor mir hergeschoben. Irgendwann hat mich das so genervt, dass ich den Entschluss gefasst habe, nach meinem Studium und dem praktischen Jahr eine Weltreise daraus zu machen.

Was ich auch oft gefragt werde: Warum willst du gerade in diese Länder? Nun, vor allem sind diese Länder relativ günstig zu bereisen – eine Woche USA sind beispielsweise in etwa genauso teuer wie fünf Wochen Indien. Darüber hinaus möchte ich möglichst fremde Kulturen kennenlernen, und dazu muss man sich zwangsläufig abseits der Touristenpfade begeben. Dies ist ein weiterer Grund, weswegen ich mich genau für diese Route entschieden habe.

Ein kleines Reise-FAQ

Wie finanzierst du deine Reise bzw. machst du Work and Travel?

Indem ich ganz doll spare (kein Auto, keine PlayStation etc. Rechnet mal hoch, wie viel „Zusatzausgaben" ihr so in den letzten 5 Jahren hattet!). Nein ich wörke nicht, ich travelle nur.

Wo übernachtest du während deiner Reise?

Hauptsächlich in Guesthouses, was sich vor Ort halt so ergibt. In größeren Städten werde ich mich als Couchsurfer durchschlagen, eine der angenehmsten Arten, Kulturen und Menschen kennenzulernen. Ansonsten Low-Budget-Unterkünfte und vielleicht einmal die Woche ein kleines Hotel, man möchte ja schließlich doch mal sauber werden hinter den Ohren. Das Wort „Waschtag" wird eine Renaissance erfahren.

Wie kommst du von A nach B?

Von Land zu Land mit dem Flugzeug. Hier möchte ich anmerken, dass früh gebuchte Flüge meist günstiger sind als so genannte Weltreisetickets, die nach Flugmeilen gehen. Auch sind sie bequemer zu stornieren und umzuändern. Im jeweiligen Land werde ich die öffentlichen Verkehrsmittel nutzen, in manchen Ländern kann man auch bequem trampen.

Bringst du mir was aus XY... mit?

Nein, ich habe nicht vor einen Container anzumieten. Die Liste der „unvermeidbaren" Mitbringsel ist schon jetzt größer als mein Rucksack.

Apropos Rucksack, wie machst du das mit Kamera, Stativ etc. und deinen Klamotten?

Nach langem Hin und Her habe ich mich für einen 75 +10-Liter-Rucksack entschieden, in den ich einen kleinen Tagesrucksack einpacken werde, der dann das Fotoequipment enthält. Klamotten werden nur wenig mitgenommen. Das Zeug ist in den Ländern so günstig, dass ich mir Kleidung, die ich benötige, vor Ort kaufen kann.

Weltreise Teil III: Ostasien – Die Reiseroute

Ostasien ist quirlig, hektisch, scheinbar unkontrolliert und doch hat alles seine Ordnung – mehr oder weniger – und man fühlt sich einfach wohl. Service wird großgeschrieben, kaum irgendwo sonst auf der Welt gibt es einen solch freundlichen Umgang miteinander, nirgendwo sonst findet das Leben rund um die Uhr statt, aber man kann auch an keinem Platz der Welt so gut entspannen wie in Ostasien.

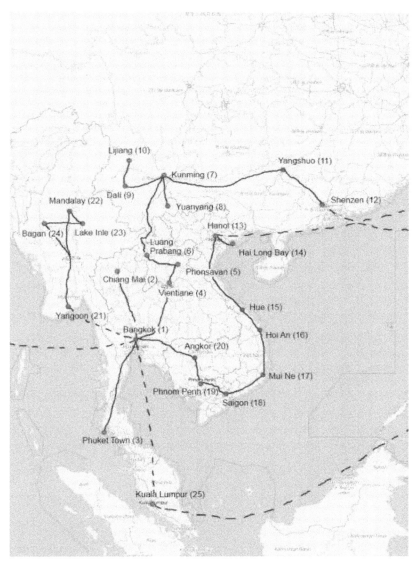

Reiseroute durch Ostasien. Um dem Ganzen etwas mehr Charme zu verleihen, wurde die Karte teils handschriftlich erstellt. Quelle: Open StreetMap und Mitwirkende, CC BY-SA

Planung Thailand

Startpunkt meiner Ostasienreise ist Bangkok (1), Drehkreuz in Ostasien sowie Landeshauptstadt von Thailand. Die rastlose Millionenstadt in zentraler Lage, nahe der Küste, ist eigentlich die einzig wirklich große Stadt im Lande und somit das wirtschaftliche Zentrum. Im Stadtkern, am Chao Phraya, liegen verschiedene wichtige Tempelanlagen, wie der königliche Tempel Wat Phra Kaeo. Bangkok bietet auch ausgesprochen gute Einkaufsmöglichkeiten und eignet sich prima, um aufgebrauchte Vorräte an Reiseequipment oder kaputt gegangene Technik zu ersetzen. Bei der Ausreise gibt's sogar einen Teil der Mehrwertsteuer zurück.

Allzu lange will ich mich aber nicht in einer Großstadt aufhalten, deshalb geht es nordwärts Richtung Chiang Mai (2). Chiang Mai ist die kulturell wichtigste Stadt Nordthailands und sie eignet sich gut, um von dort aus einige Kurzausflüge ins Umland zu machen. Auf einem Berg nahe der Stadt befindet sich eine recht beeindruckende Tempelanlage. Überhaupt ist die Stadt gespickt mit ca. 200 kleineren Tempelanlagen. In der Umgebung gibt es einige Hotsprings (heiße Thermalquellen) und Jungle-Cafés zum Entspannen. Nach ein paar Tagen im Norden reise ich südwärts nach Phuket Town (3), da ich dorthin eingeladen wurde. Außerdem will ich, bevor ich nach Laos weiterreise, nochmal am Strand entspannen. In einem Bus-Marathon fahre ich anschließend weiter nach Laos.

Dank des Friendship-Abkommens zwischen Thailand und Laos und der Errichtung einer Brücke über den Mekong erhält man das Visum für Laos relativ bequem – entweder in der laotischen Botschaft in Bangkok oder direkt an der Grenze. Es ist ein sogenanntes „Visa on Arrival", das an bestimmten Grenzübergängen vergeben wird, zum Beispiel an der Friendship Bridge Vientiane.

Planung Laos

Über die Thai-Lao-Freundschaftsbrücke geht es direkt nach Vientiane (4), der Hauptstadt von Laos. Diese sehr von französischer Kolonialarchitektur geprägte Stadt birgt so einige Schmankerl: Das Monument des Morts, quasi die laotische Version des Arc de Triomphe sowie das laotische Nationalsymbol Pha That Luang, eine buddhistische Stulpa aus dem

16. Jahrhundert – alles schön mit Gold verziert, sehr nett das Teil. Was gibt es dort noch zu sehen? Einen sehr schicken alten Tempel, genannt Wat Si Saket.

Was gibt es dort noch recht wenig? Touristen! Ich freue mich so sehr darauf, diesen Wandersocken tragenden, kurzhosigen Jesuslatschentouristen entfliehen zu können. Laos ist Outback und wird von vielen Touristen gemieden, weil in diesem Land leider noch immer viele Blindgänger und Mienen aus dem Vietnamkrieg liegen. Trotzdem merkt man einen sich stetig vergrößernden Strom an Touristen aus Thailand, vor allem Teenies, die ihre Sauftouren auf Laos ausweiten.

Im Nordwesten des Landes befindet sich der Ort Phonsavan (5), wo man Geschichtliches über die Hinterlassenschaften der Amerikaner lesen kann. Die zentrale Anlaufstelle ist dort die NGO (Non Governmental Organisation) MAG (Mines Advisory Group), die sich der Beseitigung von Millionen Tonnen Bombies (kleine Clusterbomben) angenommen hat. Diese Fragmente sind ein grausames Relikt aus dem Krieg und werden jedes Jahr vielen Bauern und Kindern in diesem relativ armen Land zum Verhängnis.

Nördlich von Vientiane, zwischen dem Mekong und seinem Nebenfluss Nam Khan, liegt die alte Königsstadt Luang Prabang (6). Die Stadt ist mit ihren 50.000 Einwohnern für Ostasien ein Kaff, dennoch birgt sie einige unberührte Sehenswürdigkeiten. Warum sage ich eigentlich unberührt? Weil durch die wenigen Touristen alles in Laos verhältnismäßig unberührt ist, wie zum Beispiel der alte Königspalast Ho Kham sowie zahlreiche Tempelanlagen in der Nähe des Mekong. Sehr entspannt ist auch der Nachtmarkt am Fuße des Phousi-Berges, da man dort ungestört das Treiben der Einheimischen beobachten kann.

Unweit der Stadt, ca. 25 km nördlich, liegt ein sehr eindrucksvoller Kalksteinhöhlenkomplex, der sich per Longboat erkunden lässt. Ebenfalls nahe Luang Prabang befindet sich der Wasserfall Kuang Xi, der aus mehreren Kalksteinkaskaden besteht und eigentlich einen Tagesausflug wert ist. Ich werde aber wohl aufgrund der klimatischen Verhältnisse (45°C bei 90% Luftfeuchtigkeit) auf einen Besuch verzichten. Nördlich von Luang Prabang gibt es immer weniger Zivilisation, die Wege werden weiter und beschwerlicher und die Straßen verkommen immer mehr zu Holper- und

Staubpisten. Dafür entschädigt die Landschaft mit nach und nach höheren Bergzügen, auf denen sich der Dschungel ausgebreitet hat. Es geht also Richtung China.

Planung China

Die erste Station dort ist Xishuangbanna in der Provinz Yunnan. Da es dort nichts zu sehen gibt, geht es weiter zum Lokaldrehkreuz Kunming (7). Die Millionenstadt ist nicht besonders sehenswert, stellt aber einen guten Ausgangspunkt für die weitere Reiseplanung dar. Meine erste Station ist Yuanyang (8), das sich im Süden nahe der vietnamesischen Grenze befindet und für seine malerischen Reisterrassen bekannt ist. Nach Yuanyang reise ich über Dali (9) nach Lijiang (10), einer sehr alten, in Richtung Tibet gelegenen Stadt. Die Stadt selbst befindet sich am Fuße des 5.596 m hohen Jadedrachen-Schneeberges und bezaubert durch alte und sehr schön restaurierte beziehungsweise wieder errichtete Gebäude. Nach Yunnan fahre ich über Guilin nach Yangshuo (11), beide Städte liegen zwischen Karstfelsen. Von Shenzen (12) aus fliege ich schließlich nach Taipeh.

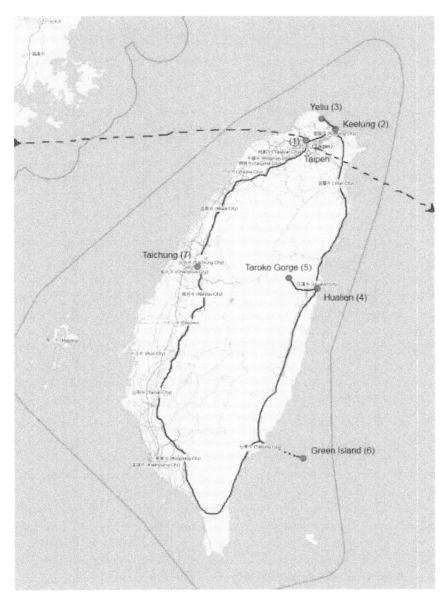

Reiseroute durch Taiwan. Quelle: OpenStreetMap und Mitwirkende, CC BY-SA

Planung Taiwan

Von Keelung (2) aus ist meine erste Station auf der Insel Taiwan der Geologiepark von Yeliu (3), von dort aus geht es weiter südöstlich nach Hualien (4), wo ich drei Tage verbringen werde und sehr viel über die kulturellen Eigenheiten Taiwans lernen kann. Überdies besuche ich Taroko Gorge (5), einen beeindruckenden National Park, der einen 19 km langen Canyon beherbergt. Bevor ich noch ein paar Tage nach Taichung (7) fahre, wo es ein sehenswertes Fine Arts Museum gibt, treibt mich mein Fotografenherz noch nach Green Island, mit seiner erstaunlichen Naturkulisse. Anschließend fahre ich zurück nach Taipeh (1). Nach 15 wunderbaren Tagen in Taiwan geht es per Flieger weiter nach Hanoi (13) in Vietnam.

Planung Vietnam und Kambodscha

Hanoi (13) selbst ist mit Sicherheit eines der Highlights meiner Weltreise. Die Stadt wurde bereits als das „Venedig des Ostens" bezeichnet, als Städte wie Singapur, Bangkok und Jakarta noch Sumpfland waren. Sie ist stark von der französischen Kolonialarchitektur geprägt und wird von einigen Neben- und Seitenarmen des roten Flusses durchzogen, was wohl den Vergleich mit Venedig inspiriert hat. Die Hauptstadt von Vietnam bietet eine labyrinthartig angelegte Altstadt, das Mausoleum und das Wohnhaus von Ho-Chi-Minh und einen um das Jahr 1070 errichteten Literaturtempel. Die zahlreichen Pagoden und Tempel befinden sich hingegen hauptsächlich außerhalb der Stadt. Keine ostasiatische Metropole ist so dermaßen hektisch und rastlos, aber auch irgendwo entspannt zur gleichen Zeit.

Von Hanoi aus geht es weiter nordwärts bis zum Golf von Tonkin über Haiphong nach Ha Long (14). Dort erwartet mich wahrscheinlich eines der atemberaubendsten Naturwunder der Erde: die Ha Long Bucht. Wer James Bond – Der Morgen stirbt nie gesehen hat, kennt die Schönheit dieser Bucht, da dort einige Szenen des Films gedreht wurden. An der Küste ragen Kalkfelsen – dies sind größtenteils unberührte Inseln und zum Teil mehrere hundert Meter hohe Felsen – aus dem Wasser. Das Kalksteinplateau, auf dem die Bucht liegt, versinkt langsam im Meer. Im Jahr 1994 wurde die Bucht von der UNESCO zum Weltnaturerbe gekürt.

Fährt oder fliegt man weiter südlich, gelangt man irgendwann nach Hue (15), der alten Kaiserstadt. Leider wurde die Stadt im Vietnamkrieg während der Tet-Offensive fast dem Erdboden gleichgemacht. Glücklicherweise haben die Zitadelle mit der Verbotenen Stadt sowie die reizvolle Linh Mu-Pagode und einige Kaisergräber den Krieg überstanden. Am besten leiht man sich ein Moped aus, um die Umgebung und die Stadt zu erkunden – es lohnt sich.

Von Hue aus reise ich über den Wolkenpass weiter südwärts nach Hoi An (16, einem kleinen, aber architektonisch gut erhaltenen Ort, in dem viel Schneiderhandwerk zu finden ist. Leider ist Hoi An sehr touristisch, was dem Flair aber kaum einen Abbruch tut. Bevor es nach Saigon (18) weitergeht, werde ich kurzfristig Mui Ne (17) mit seinen Dünenlandschaften einschieben.

Das nächste große Ziel ist Saigon (18), auch „Paris des Orients" genannt. Die quirlige Metropole am Mekong steht mit ihrer Moderne im krassen Gegensatz zum konservativen Hanoi. Saigon an sich ist eigentlich wenig interessant, wenn man von dem sehr eindrucksvollen „War Remnant Museum" im Herzen der Stadt absieht.

Ein weiteres Denkmal für einen politisch motivierten Massenmord sind die „Killing Fields" in Pnom Phen (19), Kambodscha. Pnom Phen selbst ist durchaus sehenswert, es strahlt Ruhe aus, die Menschen sind äußerst freundlich und das Land beginnt langsam, seine Geschichte in Bezug auf die Kriegsverbrechen der Roten Khmer aufzuarbeiten. Das wohl größte Highlight in Kambodscha ist Angkor (20), die weitläufigste zusammenhängende Tempelanlage der Welt. Es ist schon beeindruckend, was die alten Khmer dort errichtet haben.

Zurück nach Thailand

Nun verlasse ich Kambodscha und reise zurück nach Thailand, genauer gesagt wieder nach Bangkok (1), da ich dort meine Reisebegleiterin und gleichzeitig gute Freundin einsammeln werde, die hoffentlich wohlbehütet in Thailand eintrifft. Nun haben wir Gelegenheit, diese fantastische Stadt genauer unter die Lupe zu nehmen. Was es dort so zu erleben gibt, habe ich ja schon am Anfang erläutert. Im Anschluss an den kurzen Abstecher nach Bangkok geht's zum Entspannen wieder südwestwärts auf die Insel Ko Phayam direkt an der burmesischen Grenze. Da Inselhopping nach drei Tagen zu langweilig werden wird, fahren wir schnurstracks zurück nach Bangkok um uns ein Visum für Myanmar zu besorgen.

Planung Myanmar

Myanmar, das ehemalige Burma, ist einer der letzten Juwelen in Ostasien, eben weil es nicht so einfach ist, dort hinzureisen. Die ansässige Militärjunta kontrolliert recht effektiv den Zugang zum Land, sodass Massentourismus dort noch nicht stattfindet, und ich hoffe, dieser Zustand – also kein Massentourismus – wird sich auch noch eine Weile halten. Erste Station in Myanmar ist Yangoon (21), die ehemalige Hauptstadt – die neue namens Naypyidaw ist ein riesiges Kaff mitten im Land, den Militärs war wohl mal wieder langweilig. Yangoon ist sehr interessant, birgt sie doch eine der ältesten Stupas (buddhistische Gebetsanlage) der Welt. Jeder Buddhist sollte in seinem Leben einmal dort gewesen sein. Die 5.000 Jahre alte Pagode ist schlichtweg atemberaubend und ein Muss!

Von Yangoon aus geht's über den neuen Highway – mit alten Chinabussen – nach Mandalay (22), dem kulturellen Zentrum des Nordens. In Mandalay finden sich einige sehr alte Tempelanlagen, die aber vor allem im Umland am Irrawaddy gelegen sind. Unter anderem befindet sich die längste Teakholzbrücke der Welt „U-Bein" in Mandalay.

Von Mandalay aus fahren wir mit dem Bus an den Inle See (23). Der See ist so rein, dass er tief schwarz ist. An seiner Peripherie wird Landwirtschaft auf schwimmenden Gärten betrieben, die Dörfer sind auf Stelzen darum herum gebaut und es gibt viel Kunsthandwerk zu bestaunen. Die letzte große Station unserer Myanmarreise ist Bagan (24), mit seiner riesigen Ebene, auf der sich rund 2.200 Tempel aus unterschiedlichsten Jahrhunderten befinden. Ein Sonnenauf- oder -untergang dort verschlägt einem einfach die Sprache.

Von Burma fahren wir wieder zurück nach Bangkok und dann geht es mit dem Flieger nach Kuala Lumpur (25). Dort schnell die Petronas Towers geknipst, und schon ist meine Ostasienreise zu Ende.

Thailand und Laos

Ein grundlegendes Problem für Reisende in Thailand und teilweise auch in Laos ist das Fehlen richtig beeindruckender Sehenswürdigkeiten, obschon beide Länder sehr schön sind. Ich fühlte mich sehr wohl, die Menschen waren umgänglich und extrem freundlich. Ich finde, es ist gerade das, was diese Länder ausmacht, sie leben von der Atmosphäre und der Lebensart ihrer Menschen.

„Schwerstarbeit" auf einem Markt in Bangkok.

Das freundliche Königreich

Obwohl Thailand oft als Touristenland mit übermäßiger Prostitution verschrien ist, präsentierte sich mir das Königreich sehr freundlich und mit einer der besten Küchen der Welt, wenn nicht sogar der besten. Die Hauptstadt Bangkok ist einfach eine super Stadt zum Relaxen. Ich traf viele Traveller, die die Metropole als hektisch und unangenehm empfanden, was ich allerdings überhaupt nicht nachvollziehen konnte.

Blick vom Restaurant im 61. Stock des Banyan Tree Hotels in Bangkok.

Es war einfach entspannt, mit dem Pendlerboot den Fluss entlang zu fahren und die Sehenswürdigkeiten vom Wasser aus zu genießen. Außerdem fand sich um die berüchtigte Kao San Road immer ein Hotel oder Guesthouse, von dem aus ich dem bunten Treiben auf der Straße beiwohnen konnte. Noch besser ist es, wenn man sich dem Touri-Viertel entzieht und anderswo in der Stadt was findet, dazu sollte man sich aber auskennen. Wir logierten in der Nähe der Uni.

Nahe an Bangkok liegt Kanchanaburi, das wegen der durch den gleichnamigen Roman und Film berühmten Brücke am Kwai bekannt ist. Die Brücke selbst ist nichts weiter als eine stinknormale Stahlkonstruktion, wie es sie tausendfach in Deutschland gibt. Sie wird allerdings von Touristen heimgesucht, als ob dort Gold gefunden wurde. Vor allem amerikanische Kriegsveteranen sind dort häufig zu finden, die sie als Mahnmal besuchen. Dass bei der Tragödie um den Bau und die spätere Zerstörung der Brücke im Krieg zehnmal mehr Asiaten als Amerikaner ums Leben kamen, interessiert die anscheinend nur wenig!

Da die Brücke am Kwai wenig beeindruckend war, fuhr ich mit dem Moped ein bisschen im Umland herum und fand diese schöne zeitgenössische Tempelanlage. Wie die heißt und wo die genau ist? Keine Ahnung mehr...

Chiang Mai, die zweitgrößte Stadt Thailands, war sehr entspannt. Wer es verpasst hat, sich schon in Bangkok die Tempel anzusehen, kann dies in Chiang Mai nachholen. Die Stadt an sich war ziemlich übersichtlich, aber in ihrem Umland lassen sich einige schöne Täler, Hot Springs (Heißwasserquellen) und Wasserfälle finden, die man am besten per Roller erkundet.

Da ich einer netten Einladung durch eine Einheimische nach Phuket gefolgt bin –alleine wäre ich da nie hingefahren – habe ich einen Zwischenstopp in der alten Königsstadt Sukhothai eingelegt. Dort befindet sich neben der alten Metropole Ayutthaya noch eine der wenigen wirklich alten Tempelanlagen Thailands.

Sukkothai, eine der letzten historischen Anlagen in Thailand.

Phuket war entgegen meiner Annahme, es sei total mit Touristen überlaufen, sehr angenehm. Man muss nur wissen, wo man hingehen kann. Ich hatte das Glück, für fünf Tage einen Führer vor Ort zu haben, der mir sein Wissen kostenlos zur Verfügung stellte.

Ein Sturm zieht auf während der Regenzeit über Phuket.

Strandtechnisch gab es auch noch ein paar andere wunderschöne Spots, wie man hier sieht.

Railay Beach in der Nähe von Krabi, Kletterparadies mit traumhaften Sonnenuntergängen.

Auch in Ko Phayam gibt es beeindruckende Sonnenuntergänge zu bestaunen.

Nach rund vier Wochen Thailand ging es über die Thai-Lao-Freundschafts-brücke nach Vientiane in Laos.

21

Laos, die grüne Hölle Ostasiens

Laos, ein sehr interessantes Land mit einer der krassesten Geschichten der Neuzeit. Ständig von anderen Ländern belagert, in den 60er und 70er Jahren nahezu in die Steinzeit zurückgebombt, fängt das Land heute langsam an, wieder Anschluss an die Neuzeit zu finden. Ich würde Laos als die grüne Hölle Ostasiens bezeichnen, denn kaum ein anderes Land hat so viel Dschungel und Karstberge zu bieten. Die Hauptstadt Vientiane verfügt außer ihrem Siegestor über wenig kulturelle Highlights. Allerdings bot sich mir dort eine exzellente und freundliche chinesische Botschaft an, die mir sehr unkompliziert und günstig ein Chinavisum ausstellte.

The Vertical Runway – Das Siegesdenkmal in Vientiane zum Gedenken an diejenigen, die im Freiheitskampf gegen die französische Kolonialherrschaft gefallen sind.

Innenansicht der Vertical Runway, eine Mischung aus buddhistischen und hinduistischen Ornamenten.

Da ich vier Tage auf mein Visum für China warten musste, machte ich einen Abstecher nach Vang Vieng. Das liegt zwar landschaftlich äußerst reizvoll am Rand von hohen Karstfelsen an einem Fluss, aber leider wurde die Atmosphäre von britischen Saufteenies zerstört. Mit dem Tourismus kamen die Hotels in diese Stadt, und es werden immer mehr nebst immer weniger Aussicht zum Fotografieren. Als mir dann noch besoffene 16-Jährige mit „Sex me" auf ihren Bauch geschrieben entgegenkamen, war mir erstens klar, wie alt ich eigentlich schon war – erschreckend, wie schnell das geht – und zweitens, dass ich dort schnellstmöglich wieder weg musste. Schade eigentlich.

Als Nächstes stand die Ebene der Tonkrüge in der Nähe von Phonsavan, der Hauptstadt der laotischen Provinz Xieng Khouang, auf dem Programm. Die Ebene selbst, nach Jahrzehnten endlich von Blindgängern befreit, war nicht so überragend schön wie erwartet. Aber da ich ohnehin die Abfahrt zu den anderen Ausgrabungsstätten in der Nähe verpasst hatte, endete ich in einem sehr schönen kleinen Dorf – umgeben von malerischen Reisterrassen – dessen Namen ich allerdings nicht lesen konnte, da ich des Laotischen nicht mächtig bin. Auf dem Weg dorthin sollte man unbedingt bei MAG (Mines Advisory Group, www.maginternational.org) vorbeischauen. Sie bilden die Laoten dazu

23

aus, die ganzen Clusterbomben aus dem Boden zu holen, die seit dem Vietnamkrieg immer noch große Teile von Laos verseuchen.

An dieser Stelle muss ich einfach einige sehr kritische Worte loswerden: Es kann meiner Meinung nach nicht sein, dass ein Land ohne Kriegserklärung neun Jahre lang mit mehr als 1,3 Millionen Tonnen Bomben – vornehmlich Splitterbomben mit einer Quote an nicht explodierten Bomblets von 30% – bombardiert wird. Noch heute, ca. 30 Jahre später, werden immer noch jedes Jahr fast täglich Menschen verstümmelt, weil sie ihr Land mit der Spitzhacke bestellen und dabei auf Clusterbomben schlagen.

Der Verursacher USA spendete laut MAG nur 40 Millionen Dollar, um das Material zu beseitigen. Es wirkte einfach grausam auf mich und es lief mir kalt den Rücken herunter, wenn ich eine Straße entlangfuhr, links und rechts in Rot „Danger, UXO, don't leave the trail!" lese und gleichzeitig Bauern zwischen ihren Reisfeldern arbeiten sah, von den dort spielenden Kindern ganz zu schweigen!

Aber zurück zum schönen Land. Mit das Reizvollste ist im Übrigen die Busfahrt von Phonsavan nach Luang Prabang, der alten Königsstadt. Diese lockt mit sehr viel kolonialem Charme, ist sehr entspannt und hat einige überaus sehenswerte, hübsche, kleine und reich verzierte Tempel. Die vielfach empfohlene 1,5-Stunden-Fahrt flussaufwärts kann man sich hingegen meiner Meinung nach sparen. Von Luang Prabang aus fuhr ich noch für eine Nacht nach Luang Namtha, von wo aus man Trekkingtouren durch den Dschungel machen konnte. Da ich genug Dschungel gesehen hatte, habe ich mir das gespart und bin stattdessen mit dem Bus nach China gefahren.

Der Tempel Vat Sen, eine Anlage aus dem 19. Jahrhundert und sehr prächtig verziert.

Jeden Abend um ca. 18.00 Uhr versammeln sich die Mönche zum Gebet. Es gehört zum guten Ton, dass jeder Mann vor seinem 18. Lebensjahr für ein Jahr ins Kloster geht, um dort Bildung, Anstand und Weisheit zu erlangen.

Es gibt noch ein Video zu den Ländern Thailand und Laos, denn manche Dinge kann man einfach viel besser in gesprochene Worte fassen, als sie niederzuschreiben. Ich erzähle euch kurz, wie es mir dort ergangen ist und was man dort fotografisch zu erwarten hat:

http://www.youtube.com/watch?v=bldArgrH0l0&feature=relmfu

China und Taiwan

Nachdem ich gut eineinhalb Monate in Südostasien vornehmlich im Dschungel von Laos und Nordthailand verbracht hatte, brauchte ich Abwechslung. Spontan holte ich mir ein Visum für China und buchte einen Flug nach Taiwan, um mehr Neues zu entdecken. Ich bereue diese Entscheidung in keiner Weise, denn ich denke, ich verbrachte dort nach dem Mittleren Osten die schönste Zeit meiner Reise, traf die nettesten Leute und erhaschte die unbeschreiblichsten Eindrücke. Sowohl landschaftlich wie auch kulinarisch hat China sehr viel zu bieten, und man findet diese Impressionen auch nur dort und nirgendwo anders. Ich aß Speisen, deren Namen ich noch nie gehört hatte, und bei manchen Dingen möchte ich im Nachhinein auch gar nicht wissen, was es war – wie auch immer, es war exzellent, ein Paradies für den Gaumen!

Fotografisch machen es einem die beiden Länder leicht, man kommt überall gut hin. Das öffentliche Verkehrssystem funktioniert tadellos und ist recht günstig. Service wird in beiden Ländern großgeschrieben und man fühlt sich eigentlich immer wohl. In Süd-Yunnan verbrachte ich zwei Nächte in einem Hotel, dessen Besitzer selbst Fotograf war und mich für lau in seinem Privatauto mitnahm, um zu den schönsten Aussichtsplattformen zu gelangen – ein großer Vorteil.

Der Gast ist König

Ich möchte auch die grenzenlose Gastfreundschaft der chinesischen Kultur nicht unerwähnt lassen. Schon in Arabien war ich überwältigt von der Hilfsbereitschaft der Menschen, China wie auch Taiwan toppen das noch einmal. Ich reiste über die Hälfte meiner Zeit mit Einheimischen, dabei war es mir überaus peinlich, praktisch alles bezahlt zu bekommen. Man hat auch keine Chance, sich dagegen zu wehren. Es ist dort einfach selbstverständlich, dass der Gast, also der Tourist, nicht zahlt. So aß ich die köstlichsten Speisen und logierte für wenig Geld in sehr guten Hotels, die man ohne Einheimische in keinem Reiseführer finden würde. Die Karte, in der diese verzeichnet sind, besitze ich noch, aber leider ist sie auf Chinesisch und somit unlesbar. Ich fühlte mich in beiden Ländern rundum wohl und werde garantiert wieder dorthin reisen. Man kann übrigens in China in ein beliebiges Hotel gehen, es ist zu 99 Prozent gut, was ich sehr beeindruckend finde.

Gemeinsamkeiten und Unterschiede zweier Länder, die eigentlich eines sind

China und Taiwan: das größte Land Ostasiens und seine vermeintlich abtrünnige Provinz – endlos erscheint der Territorialstreit zwischen diesen Ländern. Einerseits so verschieden, aber andererseits doch so ähnlich. Taiwan, das sich aus einer Militärdiktatur zur Demokratie mit einer der liberalsten Marktwirtschaften auf diesem Planeten entwickelt hat, versus China, einem pseudokommunistischen Riesenstaat, der sich mit erschreckender Geschwindigkeit in einen staatlich kontrollierten Turbokapitalismus verwandelt.

90 Prozent aller Taiwanesen sind letztlich Flüchtlinge aus der chinesischen Provinz Fujian, die China verließen, als Maos rote Horden das Land überrannten. Die Traditionen sind also ähnlich, man hat eine gemeinsame Kultur, jedoch haben beide Länder immer noch massive Probleme, miteinander umzugehen, sich auf Augenhöhe anzuerkennen oder sonst in irgendeiner Weise eine Einigung für den Territorialstreit zu finden. Für mich ist das allein deshalb schon schade, da ich Freunde in beiden Ländern gefunden habe und beide Seiten auf gewisse Weise verstehe – auch wenn ich klar sage, dass die internationale Gemeinschaft Taiwan als souveränen Staat anerkennen sollte. Nicht mal Deutschland tut das! Die Taiwanesen leben sozusagen seit über 50 Jahren im staatlichen „Nirgendwo", ein komisches Gefühl.

Berge und Schluchten in China

Nach all dem Politischen nun etwas zur Landschaft, die sich mir bot. In China überquerte ich die Grenze bei Boten und meine erste Station war Yuanyang ganz im Süden nahe der vietnamesischen Grenze. Diese Region ist für ihre Reisterrassen bekannt, die je nach Jahreszeit und Lichtstimmung in allen möglichen Farben schillern. Leider war ich zur falschen Jahreszeit da, aber schöne Reflexionen lassen sich bei Sonnenuntergang immer einfangen.

Reisterrassen bei Yuanyang.

Nach Yuanyang ging es über Dali nach Lijiang. Von dort aus unternahm ich eine Tagestour in die Tigersprungschlucht, ein einmaliges Erlebnis, da der Weg dorthin 900 m nach oben führt, die Schlucht ca. 700 m unter einem verläuft und der gigantische 5.500 m hohe Bergkamm auf der anderen Seite alles überragt – ein Wow-Erlebnis sondergleichen!

Ein wenig Spaß musste aber auch sein, deshalb habe ich ein Video auf dem Hightrail der Schlucht gedreht. Man sieht mir vielleicht an, dass ich die 900 Höhenmeter in eineinhalb Stunden hochgerast bin.

Über Thailand und Laos erzähle ich in dem Video auch noch ein paar Details, die ich vielleicht bisher vergessen hatte zu erwähnen:

http://www.youtube.com/watch?v=KF4Jx67CPt0&feature=relmfu

Das neue Lijiang, einfach traumhaft zwischen den Bächlein.

Im Zentrum der neuen „Altstadt" reihen sich Bars und Restaurants aneinander.

Am Rande zur echten Altstadt von Lijiang. Leider habe ich die Bedeutung der Schriftzeichen vergessen.

Nach der Provinz Yunnan fuhr ich über Guilin nach Yangshuo, beide Städte liegen malerisch zwischen Karstfelsen, durchzogen von Flüssen – fotografisch eine Augenweide, noch dazu wird einem der Aufenthalt durch die angenehme Mentalität der Menschen versüßt. Von Shenzen aus flog ich nach Taipeh, der Hauptstadt von Taiwan.

Yangshuos Karstfelsen ziehen einen sofort in den Bann! Vor allem, wenn sich die Städte zwischendurch schlängeln.

Am lieblichen Li River wird viel Landwirtschaft betrieben, Wasserbüffel werden zum Pflügen genutzt und sind sozusagen die Standard-Traktoren in China.

Schnorcheln und Kulturgenuss in Taiwan

Meine erste Station nach Taipeh war Yehliumit, mit seinen sehenswerten Felsformationen, dann ging es weiter in Richtung Südosten nach Hualien, wo ich drei Tage verbrachte und sehr viel über Kultur und Lifestyle in Taiwan lernte. Um fotografisch auf meine Kosten zu kommen, flog ich nach Green Island, einer kleinen Insel im Pazifik.

Azurblaues Wasser trifft dort auf Korallen mit bunten Fischen. Blickt man vom Ufer weg in Richtung Insel, bietet sich dem Auge des Betrachters eine malerische, dschungelartige Hügellandschaft. Die Gegend ist kaum touristisch erschlossen, zumindest sind vor Ort keine West-Touris zu finden. Es ist ein wahres Schnorchelparadies. Auf der Insel kann man somit wunderbar zwei bis drei Tage ausspannen. An ihrem Südwestende gibt es eine der wenigen Meerwasser-Hotsprings der Welt. Schade, dass sie die Anlage irgendwie verkommen lassen, Spaß machte es aber trotzdem! Nur bei 40°C Außentemperatur braucht man eigentlich kein 45°C heißes Wasser mehr. Egal, es wurde gemacht – ich war da!

Auf dieser sehr schönen Insel nahe Taiwan ist mir die Idee gekommen, in einem weiteren Video noch etwas auf Taiwans Kultur und Landschaft sowie kulinarische Leckerbissen einzugehen.

http://www.youtube.com/watch?v=0NE-0lMHGM0&feature=relmfu

Magische Wasserfarben auf Green Island – Taiwan.

Danach verbrachte ich noch ein paar Tage in Taichung, das mit einem ausgezeichneten Fine Arts Museum aufwarten kann, und in Taipeh, Taiwans Hauptstadt. Dort schaffte ich es übrigens nicht, ein Bild vom 101, dem Taipei Financial Center und bis 2007 höchsten Wolkenkratzer der Welt zu machen, da das Wetter leider nicht mitspielte. But anyway I'll come back for sure!

Vietnam und Kambodscha

Vietnam ist etwas für Adrenalinjunkies: Nachdem Hanoi den hektischsten Verkehr der Welt hatte, wollte ich einmal demonstrieren, wie perfekt der Fahrzeugfluss dort wirklich ist. Man suche sich eine vielbefahrene Straße (also praktisch alle) aus, mache die Augen zu und überquere diese dann langsam Schritt für Schritt. Klingt nach Suizidversuch ist aber kein Problem in Vietnam. Solange man nicht stehen bleibt oder nervös wird, weiß der Vietnamese wie er um einen herumfahren muss.

Saigon und die Folgen des Vietnamkriegs

Rund 250 km nördlich von Saigon liegt Mui Ne, ein kleines Touristendorf, in dessen Hinterland einige Sanddünen in verschiedenen Farben die Landschaft prägen. Wer noch nie Sanddünen gesehen hat, kann sie dort genießen, einen Tagesausflug sind sie auf jeden Fall wert.

In Saigon sollte man sich unbedingt das "War Remnant Museum" im Herzen der Stadt ansehen. Auf vier Etagen wird die Geschichte des Landes während des Vietnamkriegs wiedergegeben. Es gab unzählige Bildbeiträge, Filme sowie Informationen über die Opfer der hochgiftigen Entlaubungschemikalie Agent Orange während und nach dem Krieg. Es war für mich schon schwierig zu sehen, was die Amis diesem und auch anderen Ländern der Region in den neun Kriegsjahren angetan haben. Noch heute werden täglich verkrüppelte oder geistig behinderte Kinder geboren, da in Südvietnam gerade an der Grenze zu Kambodscha immer noch bis zu 1000-fach erhöhte Dioxinwerte gemessen werden, das Gift schädigt Kinder über die Nahrung schon während der Schwangerschaft im Mutterleib. Nichtsdestotrotz ist dieses Museum ein Muss, wenn man in Saigon ist.

Übrigens ganz im Gegensatz zu den „Killing Fields" in Kambodscha, auf denen in den vier Jahren der Roten Khmer Herrschaft (1975-1979) ca. zwei Millionen Menschen ihr Leben ließen. Natürlich geschah das nicht nur auf den Killing Fields, doch ist das die zentrale Informationsstelle zu diesem unmenschlichen Verbrechen. Mehr als einen fünfzehnminütigen Film und wenig anschauliche Informationen gibt es leider nicht, außerdem ist es kaum aufschlussreich, durch eine Hügellandschaft zu laufen, auf der lediglich folgende Hinweise zu finden sind: „Hier wurden xxx Babys getötet." oder „Hier starben xxx Menschen." Man hätte definitiv mehr daraus machen können. Allerdings arbeitet das Land dieses dunkle Kapitel auf, beziehungsweise fängt es langsam an, ein gewisses Bewusstsein dafür zu entwickeln, was damals abgelaufen war.

Ankgor Wat in Kambodscha

Die wohl bekannteste Sehenswürdigkeit Kambodschas ist Angkor, die größte religiöse Anlage der Welt. Und ja, sie ist atemberaubend, auch wenn ich zur falschen Jahreszeit dorthin gereist bin, denn der Haupttempel Angkor Wat war leider wegen Renovierungsarbeiten massiv eingezäunt. Er ist auf jeden Fall einen Besuch wert.

Angkor Bayon, ein buddhistischer Tempel. Sehr beeindruckend, da menschliche Gesichter in den Stein gemeißelt wurden.

Kambodscha selbst ist ein sehr schönes Land. Schade, dass ich dort nur sechs Tage verbracht habe. Es ist auch unglaublich, wie herzlich die Leute in diesem von Kriegen und persönlichen Schicksalen gepeinigten Land sind. Nach der Terrorherrschaft der Roten Khmer hat es nie so etwas wie eine „Entnazifizierung" gegeben. Noch heute leben Gefolterte wie Henker friedlich nebeneinander, das Kapitel wird sozusagen totgeschwiegen.

Auffällig ist nur, dass man auf den Straßen kaum 35- bis 45-jährige Menschen sieht. In den vier Jahren des Terrors von Mitte bis Ende der 70er-Jahre wurde nahezu ein Viertel der Gesamtbevölkerung ausgerottet, bevor die Vietnamesen dieser Gräueltat ein Ende setzten. Wer Porträt- und Reportage-Fotografie betreiben möchte, ist in Kambodscha auf jeden Fall genau richtig.

Zurück in Vietnam

Auf der Weiterreise nach Myanmar kamen wir erneut durch Vietnam, hier einige Fotos von den schönsten Plätzen:

Hang Sung Sot Höhle in der Halong-Bucht in Vietnam.

Monkey Island – Halong Bay mein kleiner Privatstrand.

Abends im schönen Hoi An mit meiner Reisebegleitung.

Myanmar

Ein Land, das touristisch noch wenig erschlossen ist und als goldener Schatz Südostasiens gilt. Kein anderes Land kann mit so vielen außergewöhnlichen Tempelanlagen aufwarten, in keinem anderen leben so viele buddhistische Mönche und in fast keinem anderen Land empfand ich die Strukturen und Verhältnisse als so eigenartig und abgedreht wie in Myanmar, das ehemalige Burma, bzw. Birma. Myanmar fühlt man, anstatt es zu sehen, es ist ein ganz besonderer Geist, der einen durch das Land begleitet.

Ein armes Land im langsamen Wandel

Leider lebt rund die Hälfte der Leute in diesem Land unter der Armutsgrenze, was auch spürbar ist. Die Militärregierung bewegt sich zwar ganz langsam in Richtung Öffnung, jedoch nur, um sich kräftig auf Kosten des Volkes zu bereichern. Nichtsdestoweniger liegt die Alphabetisierungsrate in Myanmar bei über 90 Prozent, da die Regierung und die Klöster an der Bildung der Bevölkerung interessiert sind. Es besteht Schulpflicht und dieser wird auch nachgekommen. Des Weiteren geht praktisch jeder männliche Burmese für ein Jahr in ein buddhistisches Kloster.

Die Landeswährung Kyat (gesprochen: Tschat) ist wertlos, die Dollar-Tauschrate legen sogenannte Bossen fest – meist einflussreiche Geschäftsleute oder Militärs –, sodass die Bevölkerung komplett von diesen Leuten abhängig ist. Im Moment ist China so ziemlich das einzige Land, das mit Myanmar Handel treibt, die dortigen, sehr reichen Jadevorkommen sind begehrt.

Die Kehrseite der Medaille ist, dass die Bosse dadurch nicht mehr auf das Geld der Bevölkerung und des Tourismus angewiesen sind und sich somit die Tauschrate innerhalb von Monaten fast halbiert hat. Und das bei einer Währung, die eigentlich um die 40 Prozent Inflation hat. Dies ist schwer vorstellbar und genauso schwer zu verstehen.

Leben und Essen

Die Bevölkerung von Myanmar lässt sich meines Erachtens kulturell als ein Mix von Menschen aus Bangladesch, China und Thailand beschreiben. Auch die Esskultur empfand ich als eine Kombination der indischen und thailändischen Küche. Die Menschen sind äußerst friedvoll und hilfsbereit. Auch wenn sie noch so arm sind, finden sie immer die Kraft für ein Lächeln.

Es hat uns irrsinnigen Spaß gemacht, auf zahlreichen Hitch-Hikes Einheimische auf dem Dach eines Busses kennenzulernen und mit ihnen die Fahrt zu genießen. Auch vor einer Tempelpagode zu stehen, die aus 60 Tonnen purem Gold, bestückt mit 4.200 Karat Diamanten besteht, raubt einem schlicht den Atem. Eben diese Emotionen wollte ich in meinen Bildern einfangen und hoffe, es ist mir gelungen.

Der Königstempel in Bagan. Während der Regenzeit können auch ab und an Stürme aufkommen, selbst wenn es auf der Ebene praktisch nie regnet.

Die südliche Ebene in Bagan.

Nach kurzem Regenguss erschien ein Regenbogen. Eine gute Gelegenheit die Größendimensionen dort zu veranschaulichen.

Praktisch jeder Tempel ist „erkletterbar". Da nicht allzu viele Touristen im Land sind, geht das auch materialtechnisch in Ordnung. Die Stimmung ist bei untergehender Sonne einfach magisch.

Die größte Brücke über den Irrawaddy, noch von den Engländern erbaut.

Die größte freihängende Glocke der Welt – die Mingun-Glocke nahe Mandalay.

Die sagenhafte Shwedagon-Pagode in Myanmar – das Nationalwahrzeichen.

Der nächste Teil meiner Weltreise führte mich nach Mexiko. Meine dortigen Reiseabenteuer finden Sie im Gesamtband meiner Weltreise. Was ich vorher in Arabien und Indien erlebt habe, können Sie in den Bänden 1 und 2 nachlesen.

Gesichter Ostasiens

Schon kurz nach Beginn der Reise habe ich mich dazu entschlossen, eine Portraitserie von den markantesten Gesichtern dieser Weltreise zu erstellen. Das Ganze lief am Anfang so überraschend erfolgreich, dass ich eventuell noch ein eigenes Buch mit den besten Bildern veröffentlichen möchte. Ob und wie ich das machen werde, steht aber noch in den Sternen.

Die beste Möglichkeit, den Geist eines Landes festzuhalten, liegt in meinen Augen darin, die Gesichter der dort lebenden Menschen einzufangen. Ein Gesicht ist wie ein Buch, man kann darin eine ganze Lebensgeschichte lesen. Diese Geschichte prägt sich über Jahre ein und so erfährt man meist mehr über das Land als auf einem Landschaftsbild. Es ist sozusagen ein Landschaftsbild der Seele, sowohl der Person als auch des Landes.

Hier zeige ich euch einen Querschnitt durch die Gesellschaft in Südostasien. Es fiel mir in Thailand, Laos und Kambodscha nicht leicht, genug interessante Gesichter zu finden, was hauptsächlich dem niedrigen Altersdurchschnitt geschuldet ist. Ostasien hat je nach Land ein extremes Bevölkerungswachstum und der Durchschnittsbürger ist meist nicht älter als 20 Jahre.

In Chinas südlichster Provinz Yunnan, in der 28 der 54 in China lebenden Minderheiten angesiedelt sind, lassen sich die unterschiedlichsten Gesichtszüge finden. China hat meiner Meinung nach die schönsten alten Menschen. In ihren Gesichtern kann man förmlich die Weisheit ablesen. Auch in Vietnam sieht man im Gegensatz zu Thailand viele alte Menschen auf der Straße, auf dem Markt oder beim Zeitunglesen im Café. Die Vietnamesen haben oft sehr ausgeprägte Wangenknochen und deutlich schmalere Gesichter als beispielsweise die Chinesen.

Ein weiteres Portrait-Highlight ist Myanmar, die Gesichtszüge der Einwohner liegen irgendwo zwischen indisch, chinesisch und südostasiatisch, was eine sehr interessante und hübsche Mischung ist. Durch das chronische Betelnusskauen degenerieren oft die Zähne, das heißt sie verfärben sich dunkelrot-braun bis schwarz und werden im Laufe der Zeit immer spitzer, ähnlich denen eines Vampirs.

Für viele Europäer mag jedes asiatische Gesicht gleich oder ähnlich aussehen. Je länger man allerdings in der Region unterwegs ist, desto leichter fällt es einem, die Unterschiede zu erkennen und die Leute den entsprechenden Regionen zuzuordnen.

Drei gelangweilte Kinder auf Cat Ba Island in der Halong-Bucht.

Ein alter Vietnamkriegsveteran, der fast jeden Tag in Hanois Stadtzentrum am großen See Geige spielt.

Eine Näherin hält Siesta in Hoi An – Vietnam.

Die Märkte sind Dreh und Angelpunkte des Alltages, man isst, redet und spielt dort miteinander. Vor allem ältere Menschen verlagern ihr tägliches Leben dorthin.

Profil einer Vietnamesin.

Ganz gelassen und mit Freude lässt sich der kleine Junge baden. Kein Wunder bei 40°C im Dschungel.

Eine der beeindruckendsten Begegnungen mit Einheimischen. Dieser alte Burmese ließ sich ein dortiges Fest nicht entgehen, auch wenn es brüllend heiß war und ihm die Hitze merklich zusetzte.

Einer der drei höchsten Mönche in Burma. Wir trafen ihn zufällig in einem kleinen Dorf bei Mandalay, in dem eine Festlichkeit abgehalten wurde. Wir unterhielten uns über sein Land, über Europa und den Sinn des Lebens.

Junger buddhistischer Mönch.

Die Kambodschaner nehmen vieles gelassen, vor allem das Geschäftliche.

Ein bisschen komisch so ein Kaukasier hier in China – das Kind war leicht irritiert.

Vor der Reisernte erst mal eine Pfeife… äh Zigarette in der Pfeife rauchen.

Was man über Ostasien wissen sollte

Asien war für mich einer der schönsten Abschnitte meiner Reise. Die Menschen in diesen Ländern sind sehr aufgeschlossen und freundlich. Ich habe mich die ganze Zeit über sehr willkommen gefühlt und war beeindruckt von der Vielfalt, die sich mir bot. Nichtsdestotrotz gibt es auch für den asiatischen Raum einige Feinheiten zu beachten, die uns in unseren westlichen Breitengraden nicht allzu bekannt sind.

Wichtige Tipps

Ostasien ist sehr einfach zu bereisen. Die Leute sind fast überall sehr hilfsbereit, um die Sicherheit braucht man sich kaum Gedanken zu machen.

Wut und ein lautstarkes Auftreten sind absolute No-Gos! Der Asiate wahrt sein Gesicht. Gleiches erwartet er auch von seinem Gegenüber.

Ostasien ist quirlig, hektisch und es kommt nie zur Ruhe, aber trotzdem kann man sich nirgendwo sonst so gut entspannen.

Diese Länder haben die ausgefallenste Küche der Welt, die man einfach probiert haben muss!

Nimm in Vietnam kein Taxi! Taxifahrer sind extrem kriminell und gewaltbereit. Zudem manipulieren sie chronisch das Taxameter und erpressen einen hinterher. Also schon mal darauf einstellen, sollte man mal eines nehmen müssen.

FAQs Ostasien

Kann ich als Frau alleine durch Ostasien reisen, ohne Angst zu haben?

Ja, Ostasien ist absolut sicher! Asiaten sind in der Regel nicht aufdringlich und Damen werden fast nie sexuell belästigt. Zudem sind weite Teile ohnehin so gut touristisch erschlossen, dass man immer irgendwelche Westtouristen trifft. Die einzige Ausnahme stellt Vietnam da, dort geht es schon mal rauer zu, aber eher Richtung Diebstahl.

Kann man China ohne entsprechende Sprachkenntnisse bereisen? Ist das System sicher und kann man dort frei reisen?

Ja, man kann frei reisen. Ich hatte nie irgendwelche Probleme mit Offiziellen in China. Ganz im Gegenteil, sie waren sehr hilfsbereit, genauso wie der Rest der Bevölkerung. Mit Englisch kommt man durch, auch wenn es schwer ist, da nur etwa jeder 10. dort überhaupt eine andere Sprache beherrscht. Lustigerweise wurde ich am Grenzübergang auf Deutsch begrüßt, weil der Zöllner in der DDR studiert hatte.

Myanmar (Burma) hat eine grausame Militärjunta. Kann man so ein Land überhaupt bereisen?

Eine ewige Streitfrage, die man letztlich mit sich selber ausmachen muss. Ich finde ja, weil es einfach ein anderes System ist. Auch der Westen neigt schließlich allzu gerne dazu, sein Reich als das Beste anzusehen. Das macht die Junta zwar nicht sympathisch, aber wenn so gar kein Geld ins Land fließt, hat die Bevölkerung noch weniger davon. Zudem ist das Land einer der letzten noch unberührteren Flecken der Erde, mit enormen kulturellen Schätzen, die einfach sehenswert sind. Die Mönche jedenfalls freuen sich, wenn sie ihr Englisch auch mal praktisch üben dürfen.

Reisestatistik Ostasien

Zurückgelegte Flugdistanzen in Ostasien:

• Bangkok (Thailand) – Yangoon (Myanmar): 578 km

• Yangoon (Myanmar) – Bangkok (Thailand): 578 km

• Shenzen (China) – Taipei (Taiwan): 815 km

• Taipei (Taiwan) – Shanghai (China): 684 km

• Shanghai (China) – Hanoi (Vietnam): 1.927 km

• Hanoi (Vietnam) – Hue (Vietnam): 500 km

- Bangkok (Thailand) – Yangoon (Myanmar): 578 km
- Yangoon (Myanmar) – Bangkok (Thailand): 578 km
- Bangkok (Thailand) – Kuala Lumpur (Malaysia): 1.186 km
- Kuala Lumpur (Malaysia) – Taipei (Taiwan): 3.241 km

Und mit öffentlichen Verkehrsmitteln:

- Bangkok – Kanchanaburi – Bangkok – Chiang Mai – Sukhothai – Phuket Town – Bangkok – Korat – Vientiane: 5.818 km
- Vientiane – Vang Vieng – Vientiane – Luang Prabang – Luang Prabang – Luang Namtha – Xishuangbanna: 1.643 km
- Xishuangbanna – Kunming – Yuanyang – Kunming – Dali – Lijiang – Tiger Leaping Gorge – Lijiang – Guilin – Yangshou – Shenzen: 4.171 km
- Taipei – Keelung – Hualien – Taitung – Green Island – Taitung – Taichung – Taipei: 1.098 km
- Hanoi – Cat Ba Island – Halong Bay – Hanoi: 332 km
- Hué – Hoi An – Nha Trang – Saigon – Pnom Phen – Angkor – Bangkok: 2.208 km
- Yangoon – Mandalay – Inle Lake – Bagan – Yangoon: 1.860 km

Die beschwerlichsten Routen in Ostasien (meist selbstverschuldet):

- Von Luang Prabang in quälenden und verschlaglochten 9,5 Stunden die 225 km nach Luang Namtha.
- Die Tiger Leaping Gorge in China (18 km bis Tinas Guesthouse) mit offener Wunde am Fuß mit Converse-Schuhen und Jeans in 6,5 Stunden.

Bildnachweis

Alle Bilder innerhalb dieses Buches stammen von:

- Fabian Pitzer
- OpenStreetMap und Mitwirkende, CC BY-SA